NOTICE

BIOGRAPHIQUE

SUR

LE DR GARCIA SUELTO,

Membre du Conseil suprême de Santé d'Espagne, du Collège Royal des Médecins, et de l'Académie Royale de Médecine de Madrid ; de la Société de la Faculté de Médecine, de la Société Médicale d'Émulation, de l'Athénée de Médecine, et du Cercle Médical de Paris (ci-devant Académie de Médecine) ; des Académies Médicales de Séville, Barcelone, etc., etc. ; lue à la Société Médicale d'Émulation, à l'Athénée de Médecine, au Cercle Médicale, et publiée par le

Docteur HURTADO,

Ci-devant Pensionnaire de S. M. C. au Collège Royal de Médecine et Chirurgie de Madrid, Ex-Chirurgien-major des deux Régimens d'Infanterie ; Membre de l'Athénée de Médecine, et de la Société Médicale d'Émulation, séante à la Faculté de Médecine de Paris ; des Sociétés Royales de Médecine de Bordeaux, de Marseille, etc., etc., etc.

NOTICE

BIOGRAPHIQUE

SUR

LE DR GARCIA SUELTO.

Lorsque la mort vient inopinément enlever, au milieu de leurs travaux, des hommes dont l'unique occupation est de rendre à leurs semblables les plus éminens services par leurs talens et leurs vertus, c'est un devoir de l'amitié et de la reconnaissance de rendre un témoignage public de leur mérite, d'en faire connaître toute l'étendue, et de leur donner des regrets.

L'art de guérir vient de faire, dans la personne de *Garcia Suelto*, une perte non moins sensible à ceux qui cultivent la médecine, qu'à ceux qui en invoquent les secours.

Honoré de l'amitié de *Garcia Suelto*, et touché de la confiance que m'accorde sa famille, je viens, Messieurs, au milieu de vous pour diminuer ma douleur en vous la faisant partager. Ce n'est point ici un éloge académique que vous allez entendre, mais l'exposition simple et fidèle des travaux et des vertus de *Garcia Suelto*. Les hommes les plus utiles à l'humanité ne sont pas ceux dont la vie a le plus d'éclat, mais dont la mémoire doit nous être la plus chère.

Thomas Garcia Suelto naquit à Madrid, le 29 décembre 1778. Dès son enfance, il montra les plus heureuses dispositions par sa pénétration et son goût pour l'étude (1). Sa mémoire était très étendue, mais elle était encore plus remarquable par la précision et la méthode.

Pendant toutes ses humanités, il surpassa constamment ses émules, et avant de faire sa rhétorique, personne ne doutait qu'il ne devînt un des orateurs et des poëtes les plus brillans des Espagnes. Malheureusement il commença l'étude de la philosophie dans le collège de Saint-Thomas (couvent des Dominicains), où l'on enseignait cette science d'après la méthode de *Goudin*, un des auteurs les moins estimés; mais bientôt après il trouva, dans l'Université d'Alcala d'Hénarès (2), des précieux dédommagemens. Il s'y familiarisa avec les meilleurs auteurs de philosophie, et il y commença l'étude de la médecine, la plus sublime des philosophies.

Il était encore très-jeune lorsqu'il eut le malheur de perdre son père; mais sa mère s'étant mariée en secondes noces avec un chirurgien respectable, et de quelque réputation, le jeune *Thomas* trouva en lui un second père. Ses heureuses dispositions et son amour pour l'étude, le lui firent regarder comme son fils, et il se chargea de son éducation en la dirigeant vers l'étude de la médecine.

____

(1) A l'âge de dix ans, il passait ses nuits à étudier.

(2) Une des Universités insignes d'Espagne, à cinq lieues de Madrid.

Garcia Suelto s'étant décidé à suivre la carrière médicale, sentit les avantages qu'il retirerait de la connaissance de la langue d'*Hippocrate*, de *Galien* et d'*Aretée*. Il se livra donc avec ardeur à l'étude du grec, et bientôt il devint aussi bon helléniste qu'il était éloquent latiniste. Il annonça dès-lors le talent qu'il aurait dans les langues, et qui lui a depuis procuré tant de réputation parmi les littérateurs, les savans et les médecins espagnols.

C'est dans l'Université d'Alcala d'Hénarès, qu'il apprit les élémens de la médecine. Aucun instant n'était perdu pour lui, et c'est en variant ses travaux qu'il cherchait à se dissiper. C'est ainsi, comme par récréation, qu'il se délassait en faisant quelque composition poétique, tantôt satirique, tantôt plaisante et amoureuse, en imitant toujours les poètes latins ou espagnols les plus célèbres. Une société de littérateurs qui entreprit, à cette époque, la publication d'un Journal périodique, sous le nom de *Semanario erudito de Ciencias, Artes, y Bellas Letras de la Ciudad de Alcala*, le choi-pour collaborateur, et l'on peut assurer que c'ost à la plume de *Garcia Suelto* que ce Journal dut une grande partie de la réputation dont il a joui, et qu'il ne conserva que pendant le temps que *Garcia Suelto* fut attaché à cette entreprise.

Ne croyons pas que parce que *Garcia Suelto* cultiva les lettres avec tant d'enthousiasme, il négligeât l'étude profonde et sérieuse de la plus difficile, mais de la plus belle de toutes les sciences, pour laquelle il avait un goût particulier.

Ayant terminé, avec distinction, ses études

théoriques dans l'Université que nous avons nommée, et ayant reçu le grade de bachelier-ès-arts et médecine, il alla à Madrid à l'époque de l'établissement de l'Ecole Royale de Clinique interne et de Perfectionnement, dirigée par *Severo Lopez*, médecin du Roi, et professeur aussi distingué que médecin habile.

Garcia Suelto suivit, pendant deux ans, les leçons de ce grand homme qui le distingua d'une manière particulière.

Dans cet établissement, le professeur avait l'habitude de confier aux élèves la rédaction des discours nommés *sabatines*, composés d'après les observations particulières de toute la semaine, et qu'on lisait les samedi. Ces compositions étaient, ou latines ou espagnoles; celles de *Garcia Suelto* firent l'étonnement de ses condisciples, et lui acquirent l'estime de ses maîtres. En même temps qu'il suivait l'étude de la clinique, il se livrait à l'étude des langues étrangères; et après avoir achevé sa licence, il obtint une place de médecin dans l'hôpital-général civil et militaire de Madrid, laquelle fut créée sous le nom de *Médecin des étrangers*. Ce fut une récompense qu'on accorda à son mérite, comme polyglotte, et qu'il rendit public dans un examen sur la connaissance de ces langues, en présence du conseil d'administration des hôpitaux, d'une foule d'auditeurs, et d'un juri composé des professeurs les plus savans dans les langues anciennes et modernes.

L'enthousiasme qui régnait en Espagne, vers l'année 1810, sur l'électricité et le galvanisme, était si grand, que l'on comptait peu de médecins qui n'eussent pas, dans leur cabinet, une pile de *Volta*, et qui ne fissent pas usage du fluide électrique dans la plupart des névrôses. Quelques-uns d'entr'eux pensaient même que le fluide galvanique différait du fluide électrique. Ce fut alors que *Garcia Suelto* se fit connaître comme physicien, en traduisant et en publiant en langue espagnole, le Traité sur le Galvanisme, du savant *Humboldt*, auquel il ajouta des notes fort curieuses qui augmentèrent sa réputation.

Dans l'année 1803, le Roi d'Espagne envoya son médecin particulier, le professeur *Severo Lopez*, dans différentes provinces, pour y choisir une nourrice destinée à allaiter l'enfant dont on soupçonnait être enceinte la princesse des Asturies. Ce professeur s'adjoignit, dans cette expédition, deux de ses élèves les plus chéris, et *Garcia Suelto* en fut un. En passant par Burgos, ville de la Vieille-Castille, il s'arrêta chez M. *Victoriano Gomez*, doyen et premier professeur du Collège Royal de Chirurgie de cette ville, qui avait une jeune demoiselle dont la beauté était le moindre de ses avantages. *Garcia Suelto* la demanda, et peu de temps après il l'obtint en mariage.

En 1804, il publia la traduction des *Recherches physiologiques sur la vie et la mort*, de *Bichat*.

Il donna en langue espagnole, dans l'année 1805, les trois premiers volumes de l'Anatomie Médicale de *Portal*.

Ce fut aussi à cette époque qu'il composait, de concert avec le docteur *Ballano*, un Dictionnaire de Médecine et Chirurgie, *in-4.°*, dont sept volumes ont déja paru. Ce travail immense appartient, en grande partie, à la plume infatigable de *Garcia Suelto*, quoique, par modestie et par amitié pour le docteur *Ballano*, il n'ait pas voulu consentir à placer son nom à la tête d'un livre dont le mérite n'aurait pu qu'accroître sa réputation ; mais son esprit aurait été moins satisfait que son cœur, et il préféra obliger son ami sans y trouver d'autre récompense que le plaisir de l'avoir servi.

C'est dans l'année 1807, que *Severo Lopez*, praticien aussi distingué que médecin philanthrope, fut enlevé à la médecine, à ses amis, et aux malheureux dont il était le père. Cette perte laissa un vide immense dans la médecine espagnole, et *Garcia Suelto* en fit sentir toute l'énormité dans un éloge historique où il présenta son maître et son ami, tel qu'il était et tel que tous les médecins devraient être. Un éloge n'est le plus communément qu'une justice rendue au mérite, ou qu'un dernier tribut payé à l'amitié. Celui que fit *Garcia Suelto* fut plus encore ; on y trouva toute la sensibilité d'un fils répandant des larmes sur la tombe de son père, toute la sévérité d'un historien, et toute l'érudition d'un savant consommé. Aussi *Garcia Suelto* en fut-il récompensé par la confiance que lui accorda le public, et il devint ainsi l'héritier d'une grande partie de la réputation de son maître, comme il l'était déja de ses vertus, en même temps qu'il promettait de l'être dans peu, de tous ses talens.

C'est à-peu-près à cette époque qu'il fut question de faire une réforme dans les études médicales de toutes les Universités d'Espagne, et des médecins adressèrent des mémoires pour favoriser cette nouvelle organisation ; mais personne ne semblait avoir des connaissances assez variées et assez étendues dans toutes les branches de la science, pour pouvoir présider à ce changement. *Garcia Suelto* trouva, dans son vaste savoir, tout ce qu'il fallait pour diriger la construction d'un pareil monument. Il sentit que pour le rendre digne de ce siècle, on devait le construire sur de nouvelles bases, et détruire jusqu'au fondement de l'ancien édifice rempli de défauts qui obscurcissaient l'éclat réclamé par une nation qui a été en Europe le berceau de toutes les sciences, et surtout de la médecine, et qui les a transmises, la première, aux autres nations civilisées. Il montra son projet en 1807, mais les malheurs de la guerre commencèrent à fondre sur notre patrie. Les savans furent distraits de leurs études favorites, et on négligea les sciences pour des intérêts plus pressans ; c'est-à-dire, pour la défense de la vie et des propriétés.

La célébrité de notre ami et confrère ne se bornait point à l'Espagne ; elle franchit les Pyrénées et vint jusqu'à vous, Messieurs. C'est alors qu'il reçut l'honorable témoignage que vous lui en donnâtes, en plaçant son nom parmi ceux de vos correspondans.

Dans la foule de ceux qui se livrent à l'étude des sciences, on remarque deux espèces de dispositions qui, lorsqu'elles se trouvent réunies, donnent au talent le plus brillant éclat. La première est une flexibilité des organes qui rend facile toute espèce d'imitation. La seconde consiste en une certaine force d'imagination qui invente ou qui perfectionne. *Garcia Suelto* possédait l'une et l'autre de ces qualités, et en outre une très-grande application à l'étude, qui aurait fini par nuire à sa santé, si, dans sa jeunesse, la force de ses passions ne l'eût pas par fois distrait de ses occupations favorites.

Sa philanthropie lui faisait aimer tous les hommes de la même manière. Tous, à ses yeux, avaient des droits égaux lorsqu'il s'agissait de leur être utile en leur accordant les secours de son art. C'est ce qu'il fit envers les Français blessés ou atteints d'une maladie produite par les fatigues ou l'influence du climat. Cette conduite lui mérita le titre de médecin-ordinaire de l'armée française, que lui donna le Gouvernement français, sur la demande de M. le Baron *Larrey*, alors inspecteur-général du service de santé de cette armée. M. le Baron *Des Genettes*, connaissant les talens de *Garcia Suelto*, s'empressa à applaudir au choix de son collègue, et à regarder comme un grand avantage pour l'armée française, l'acquisition d'un médecin si distingué.

On créa en 1810, un *conseil suprême de santé publique*, dont les attributions étaient les mêmes que celles des anciens tribunaux ou assemblées supérieures de médecine, chirurgie et pharmacie. Ce conseil dirigeait les études médicales dans tout le royaume, tant dans la partie civile que dans la partie militaire ; et chacun des membres qui le composaient, parmi lesquels on comptait *Garcia Suelto*, était assimilé aux inspecteurs-généraux de santé.

A cette époque, on lui confia plusieurs fois des commissions honorables et analogues à sa profession ; il s'en acquitta toujours à la satisfaction du Gouvernement. Il composa en outre une instruction remplie d'excellentes idées sur

le régime intérieur des hôpitaux. Elle fut insé-
rée par ordre supérieur dans la Gazette offi-
cielle de Madrid. Il fut aussi proposé comme
membre de l'administration centrale des hôpitaux, lorsque le Roi jugea convenable de la
supprimer.

En 1812, il suivit l'armée française lors de
sa retraite de Madrid à Valence, où il se fit
connaître par ses talens et ses lumières, de
tous les professeurs de médecine de cette Université, qui admirèrent son génie et son érudition.

De Valence, il alla à Sarragosse, où sa réputation l'avait précédé, et il y reçut, de la
part des professeurs de médecine, des marques
si grandes d'estime, qu'on le regardait comme
le premier médecin de la nation et du Roi.

De Sarragosse, il vint en France en 1813; et
à peine y entrait il, que le Gouvernement lui
confia la direction de l'hôpital militaire d'Auch,
et plus tard celui de la ville de Montauban, où
il resta jusqu'en 1815. Il sut s'y concilier l'estime générale, et particulièrement celle des
deux premières autorités civile et militaire.

En mai 1815, il vint à Paris, où, ainsi que
par-tout ailleurs, il s'est fait connaître et il a
mérité la considération et l'amitié de différens
savans qui occupent dans cette ville le premier
rang, autant dans la médecine que dans les
autres sciences.

La Société de la Faculté de Médecine, l'A-
thénée de Médecine, et la Société du Cercle
Médical (ci-devant Académie de Médecine) de
Paris, admirent, en 1816, *Garcia Suelto* dans
leur sein, comme une reconnaissance des travaux médicaux intéressans qu'il leur commu-

niqua. Dans cette même année, il publia dans la Bibliothèque Médicale , dont il était un des collaborateurs , un *Mémoire contre la prétendue incombustibilité du charlatan* Mariano Chacon ; et une Notice, pleine d'érudition, *sur la médecine des Arabes*. Dans le Journal Universel des Sciences Médicales, pour lequel il travaillait aussi , il inséra un mémoire *sur la médecine Espagnole* , où il expose tout ce que ces deux nations ont fait pour les sciences, sur-tout pour la médecine.

Ii avait commencé à composer deux volumes du supplément pour le Dictionnaire espagnol de Médecine et de Chirurgie , qui avait resté incomplet par la mort prématurée de M. *Ballano* , lorsque l'étude excessive et les fatigues continuelles occasionnées par le grand nombre de ses malades, ainsi que par les veilles consacrées à la continuation de ses travaux médicaux et littéraires qu'il allait publier , affaiblirent tellement son système nerveux, qu'il en résulta une fièvre lente, l'exténuation et la mort.

Le vulgaire stupide , dit certain médecin, littérateur français, juge les médecins selon ses faibles conceptions. Il ignore que le véritable médecin peut non-seulement remédier à l'altération de la santé , mais encore rectifier les erreurs de l'esprit, modérer les écarts de l'imagination , et même quelquefois corriger la bassesse de l'ame, et réformer les vices du cœur. Le médecin embrasse l'arbre encyclopédique dans toute son étendue , et il n'est étranger à aucune des connaissances humaines. Les fastes de l'art de guérir offrent, par milliers , des exemples frappans de cette vérité : mais ce n'est pas ici le lieu de les énumérer ; c'est pourquoi je me contenterai de dire que *Garcia Suelto* s'occupait en même temps de l'étude générale des sciences et des beaux-arts.

Vers l'année 1800, outre l'examen public qu'il subit, il prouva son talent de polyglotte par la composition d'une pièce de vers héroïques, en langues latine, espagnole, française, italienne et allemande, ayant pour titre : *Conseils d'un père à ses enfans*. A la même époque, *Garcia Suelto* concourut pour une chaire de poésie dans le collège des Nobles de Madrid, et on l'aurait nommé professeur s'il n'avait pas été trop jeune (1), car ses exercices furent des plus brillans. Ce fut alors qu'il composa une ode à la Paix : il en composa souvent beaucoup d'autres sur différens sujets, et il fit aussi plusieurs petites pièces de théâtre que l'on jouait sur les théâtres de la capitale. Enfin, il donna en 1803, la traduction de la tragédie du *Cid*, de *Corneille* (2), qu'on joue et qu'on applaudit dans les spectacles de Madrid et des provinces.

Toutes ces productions montrèrent au public de Madrid, le talent distingué de *Garcia Suelto*, pour la poésie. Son goût et son discernement pour bien juger les œuvres de littérature, le firent placer au nombre des membres d'un tribunal appelé *mesa censoria*, qui fut

----

(1) Il n'avait que vingt-deux ans.

(2) Il a laissé aussi toute finie, une tragédie fameuse intitulée *le Viriate*.

créé pour juger les ouvrages qu'on prétendait être dignes d'être représentés sur le théâtre espagnol.

En 1810, on en créa une semblable à laquelle furent confiées la conservation et la direction des théâtres de Madrid. *Garcia Suelto* en fut aussi un des membres.

Il fut aussi nommé membre d'une commission pour examiner tous les ouvrages qui concernaient l'instruction publique.

Enfin, dans tous les établissemens que l'on put former dans ce genre, on n'oublia jamais d'y appeler *Garcia Suelto*.

Si une imagination facile et bien dirigée, une mémoire extraordinaire, un jugement sûr et prompt ; en un mot, si les plus rares qualités de l'esprit illustrèrent *Garcia Suelto*, et rendirent son nom digne d'être transmis à la postérité, les précieuses qualités dont son cœur était doué lui acquirent aussi un grand nombre d'amis. *Garcia Suelto* était bon père, bon époux, bon ami, d'une extrême affabilité, et d'une égalité parfaite de caractère. Il était gai, charitable, honnête et complaisant avec ses confrères, et sans aucune présomption. Sa physionomie portait l'empreinte de la bonté et de la modestie, en même temps qu'elle annonçait une ame noble et un mérite supérieur. Ses manières étaient simples et agréables. L'amour de son pays était chez lui une véritable passion, et peut-être devons-nous en grande partie sa perte à la peine que lui firent sentir les malheurs qui frappèrent sur sa patrie. Il avait une ame forte, et il donna jusqu'aux derniers momens de sa vie des preuves de son respect pour la religion catholique, au sein de laquelle il avait été élevé.

Enfin, celui qui savait allier au goût des belles-lettres, à la connaissance des langues et au commerce des Muses, les devoirs d'un bon médecin, vient de mourir dans la vigueur de son âge, après une longue et cruelle maladie. Sa carrière, occupée toujours par des travaux aussi utiles que brillans, vient de se terminer le 10 septembre 1816, à deux heures après-minuit, et à l'âge de trente-huit ans, laissant dans la plus grande tristesse tous ceux qui eurent le bonheur de le fréquenter, et tous ses amis dont le nombre était très-grand. Il laisse aussi dans la plus grande affliction une épouse vertueuse, et une fille dont le cœur rappelera toujours les qualités de son père.

F I N.

Imprimerie de MIGNERET, Imprimeur du Journal de Médecine, rue du Dragon, F. S. G., N.° 20.

150

9 782019 273125